BEI GRIN MACHT SICH IHR WISSEN BEZAHLT

- Wir veröffentlichen Ihre Hausarbeit,
  Bachelor- und Masterarbeit

- Ihr eigenes eBook und Buch -
  weltweit in allen wichtigen Shops

- Verdienen Sie an jedem Verkauf

Jetzt bei www.GRIN.com hochladen
und kostenlos publizieren

Nadine Möller

Online-Marketing am Beispiel der Bundesgartenschau "Havelregion 2015"

GRIN Verlag

Bibliografische Information der Deutschen Nationalbibliothek:

Die Deutsche Bibliothek verzeichnet diese Publikation in der Deutschen National-
bibliografie; detaillierte bibliografische Daten sind im Internet über http://dnb.d-
nb.de/ abrufbar.

Impressum:

Copyright © 2012 GRIN Verlag GmbH
Druck und Bindung: Books on Demand GmbH, Norderstedt Germany
ISBN: 978-3-656-31152-2

Dieses Buch bei GRIN:

http://www.grin.com/de/e-book/203772/online-marketing-am-beispiel-der-bundes-
gartenschau-havelregion-2015

GRIN - Your knowledge has value

Der GRIN Verlag publiziert seit 1998 wissenschaftliche Arbeiten von Studenten, Hochschullehrern und anderen Akademikern als eBook und gedrucktes Buch. Die Verlagswebsite www.grin.com ist die ideale Plattform zur Veröffentlichung von Hausarbeiten, Abschlussarbeiten, wissenschaftlichen Aufsätzen, Dissertationen und Fachbüchern.

Besuchen Sie uns im Internet:

http://www.grin.com/

http://www.facebook.com/grincom

http://www.twitter.com/grin_com

UNIVERSITÄT POTSDAM
Institut für Künste und Medien

S BUGA 2015. Das Havelland zwischen Brandenburg und
Havelberg
SS 2012

Online-Marketing am Beispiel der Bundesgartenschau „Havelregion 2015"

vorgelegt von:

Nadine Möller

Berlin im Sommer 2012

Inhaltsverzeichnis

1. Einleitung

Das Internet ist aus unserem Alltag nicht mehr wegzudenken. Ob im Beruf oder der Freizeit – das Internet läuft den anderen Medien den Rang ab. Online-TV, Online-Radio oder Online-Shopping – es gibt kaum etwas, was heute nicht über oder mit dem Internet gemacht werden kann. Laut ARD/ZDF-Online-Studie 2011 sind ungefähr 51,7 Millionen Deutsche regelmäßig online.[1] Durchschnittlich verweilen die Deutschen 137 Minuten am Tag im Internet und nutzen hier vor allem Suchmaschinen wie Google sowie verschiedene E-Mail-Funktionen.[2]

Die Zahlen machen deutlich, dass eine dauerhafte und attraktive Internetpräsenz für ein Unternehmen immer wichtiger wird. Hierfür wird immer mehr auf das Online-Marketing gesetzt. „Online-Marketing sind Maßnahmen oder Maßnahmenbündel, die darauf abzielen, Besucher auf die eigene oder eine ganz bestimmte Internetpräsenz zu lenken, von wo aus dann direkt Geschäfte gemacht oder angebahnt werden können."[3]

In dieser Arbeit wird das Online-Marketing am Beispiel der Website der Bundesgartenschau „Havelregion 2015" dargestellt. Die erste Landesgrenzen überschreitende Gartenschau findet vom 18.04. – 11.10.2015 in Brandenburg und Sachsen-Anhalt statt. Zwischen den Städten Brandenburg an der Havel und der Hansestadt Havelberg wird auf einer Gesamtfläche von 54,7 Hektar die BUGA 2015 ausgerichtet.

Bevor der Internetauftritt „Havelregion 2015" genauer analysiert wird, wird erläutert, warum das Online-Marketing heute eine so wichtige Rolle im Marketingprozess spielt. Anschließend werden anhand des Internetauftritts der BUGA 2015 vier zentrale Onlinemarketingmaßnahmen, die Unternehmenswebsite, das Suchmaschinen-Marketing, das E-Mail-Marketing und das Social Media Marketing, näher vorgestellt. Dadurch wird aufgezeigt, wie das Unternehmen das Onlinemarketing nutzt und wo es noch Entwicklungsmöglichkeiten gibt. Damit der Leser einen genauen Einblick bekommt, wird in dieser Arbeit mit Screenshots[4] gearbeitet, die das Schriftliche zum besseren Verständnis nochmals bildlich darstellen. Im letzten Teil der Arbeit werden Möglichkeiten angegeben, welche Onlinemarketingmaßnahmen die BUGA 2015 noch aufgreifen kann, um so ihre Internetpräsenz zu festigen.

---

[1] ARD/ZDF-Onlinestudie 1998 – 2011 (2011): *Entwicklung Onlinenutzung.* Verfügbar unter: http://www.ard-zdf-onlinestudie.de/index.php?id=onlinenutzung00.
[2] ARD/ZDF-Onlinestudie 1998 – 2011 (2011): *Entwicklung Onlinenutzung.* Verfügbar unter: http://www.ard-zdf-onlinestudie.de/index.php?id=onlinenutzunganwend0.
[3] Lammenett, Erwin (2005): *Online-Marketing in der Praxis. Standortbestimmung.* Verfügbar unter: http://www.typo3-macher.de/fileadmin/pdf/online-marketing-suchmaschinenoptimierung.pdf, S.49.
[4] Hierbei handelt es sich um eine Kopie der Darstellung auf dem Monitor.

2. Warum Online-Marketing?

Laut dem Bundesministerium für Wirtschaft und Technologie „umfasst Marketing alle Anstrengungen eines Unternehmens, den Verkauf seiner Produkte zu fördern. Es bezeichnet jedes unternehmerische Planen und Handeln, das sich am Markt orientiert und orientiert sich am Produkt/Dienstleistung, dem Preis, Vertrieb, der Kommunikation und Werbung."[5] Beim Online-Marketing wird das Marketing in Onlinemedien umgesetzt. Mehrere Studien, national wie international,[6] haben bereits gezeigt, dass für Unternehmen der Bereich des Online-Marketings immer wichtiger wird. Vor allem die Kommunikationspolitik spielt eine wichtige Rolle für das Online-Marketing. Wer heute Neukunden gewinnen und auf sich aufmerksam machen will, kommt um eine Onlinepräsenz nicht herum. „Online-Marketing kann die klassischen Medien ergänzen und dadurch mehr Reichweite erzielen, insbesondere bei Zielgruppen, welche über die klassischen Medien kaum mehr erreichbar sind."[7]

Die Vermarktung über das Internet bietet den Unternehmen viele Möglichkeiten. Die globale Verfügbarkeit und hohe Reichweite des Internets macht es möglich, dass auch kleine Unternehmen weltweit präsent sein können. Zudem hat der Kunde immer Zugriff auf die neuesten Informationen des Unternehmens. „Durch Verwendung technisch aufwändiger Werbemittel erhält das Unternehmen eine gesteigerte Attraktivität, indem es Zukunftssicherheit, Dynamik und Innovationsstärke demonstriert, was zu einer deutlichen Steigerung des Images führen kann."[8] Zudem eignet sich das Online-Marketing als ideales Instrument, um einen dauerhaften Kundenkontakt aufzubauen.

Um sich bzw. seine Produkte auf dem Internetmarkt etablieren zu können, stehen den Unternehmen verschiedene Online-Marketingmaßnahmen zur Verfügung. Zu den wichtigsten zählen die Unternehmenswebsite, das Suchmaschinen-Marketing sowie das E-Mail-Marketing und das Social Media Marketing. Laut einer Studie von Absolit.de, der führenden unabhängigen deutschen Plattform zum Thema E-Mail-Marketing, wird von 96,8 Prozent der befragten Unternehmen das E-Mail-, Suchmaschinen- oder Social Media Marketing eingesetzt. 42 Prozent kombinieren sogar alle drei Marketinginstrumente.[9] Als wichtigstes Online-Marketinginstrument gilt aber die Unternehmenswebsite. Fast 93 Prozent der befragten Unternehmen präsentieren sich mit einer eigenen Website im Internet.[10] Im folgenden Punkt werden die oben genannten Marketingmaßnahmen anhand des Onlineauftritts der BUGA 2015 näher vorgestellt.

---

[5] Bundesministerium für Wirtschaft und Technologie (Hg.): *Marketing.* Verfügbar unter: http://www.existenzgruender.de/gruendungswerkstatt/lexikon/index.php?l=m&a=Marketing.
[6] Eugster, Jörg (2009): *Online Marketing. Wie fischt man Kunden aus dem Internet.* 3. überarbeitete Auflage, Berneck: Rheintaler Druckerei und Verlag AG, S.9.
[7] Ebd., S. 19.
[8] Tippe, Dennis: *Die Vorteile und Nachteile von Online-Marketing.* Verfügbar unter: http://www.seo-handbuch.de/suchmaschinen-suchmaschinenoptimierung/die-vorteile-und-nachteile-von-online-marketing.
[9] Absolit Dr. Schwarz Consulting (2012): *Studie Online-Marketing-Trends 2012.* Verfügbar unter: http://www.absolit.de/download/Online-Marketing-Trends-2012-Kurzversion.pdf, S.3.
[10] Ebd., S. 4.

3. Zentrale Online-Marketingmaßnahmen am Beispiel der BUGA „Havelregion 2015"

3.1 Unternehmenswebsite

Die Unternehmenswebsite gehört heute mit zu den wichtigsten Maßnahmen im Online-Marketing. Ziel ist es, mit Hilfe des Onlineauftritts die Produkte und Dienstleistungen eines Unternehmens bekannt zu machen sowie mit Interessenten in Kontakt zu treten und diese bestenfalls zu Kunden zu generieren. Damit eine Website von Kunden akzeptiert und genutzt wird, müssen zahlreiche Faktoren beachtet werden. Am Beispiel der BUGA-Seite 2015 sollen einige der wichtigsten dieser Faktoren erklärt und Entwicklungsmöglichkeiten für die Website aufgezeigt werden.

Mit dem Öffnen der Startseite soll dem Kunden auf den ersten Blick klar werden, wer wem etwas anbietet und auf welche Weise.[11] Auf der Homepage der BUGA 2015 kann der Interessent mit einem Blick erkennen, wann und wo die Veranstaltung stattfinden wird.[12] Die Startseite eines Unternehmens muss es schaffen, Besucher an diese zu binden. Wichtig hierfür ist eine gute Usability. Das bedeutet, dass die Navigation auf der Internetseite einfach und verständlich sein muss. Die Navigationsleiste auf der BUGA-Seite befindet sich direkt neben dem Unternehmenslogo und liegt in Blickhöhe des Betrachters. Die Untermenüs werden erst angezeigt, wenn man auf den entsprechenden Hauptmenüpunkt klickt, was die Seite für den Besucher übersichtlicher macht. Auf jeder Seite der BUGA 2015 gibt es ein Suchfeld sowie ein Sitemap.[13] Ein Sitemap dient zur Orientierung der Besucher auf der Internetseite, da hier die Struktur und Inhalte des Internetauftritts aufgelistet sind. Für eine gute Usability sollte zudem ein Link-Pfad eingerichtet sein. Der Besucher wird dadurch jederzeit informiert, in welchem Bereich der Website er sich gerade befindet. Auf der BUGA-Seite findet man diesen Link-Pfad unter der Suchfunktion.[14]

Neben der Navigation spielt auch das Design einer Website eine zentrale Rolle. Das Corporate Design[15] sollte sich, wie auf der BUGA-Seite 2015 gut umgesetzt, auf jeder Seite des Internetauftritts widerspiegeln. Die verwendete Schriftgröße auf der Website der BUGA 2015 ist ausreichend und in der Regel gut leserlich. Eine Ausnahme bilden hier auf der Startseite die Buttons zu den einzelnen Ausstellungsorten. Durch den bunten Hintergrund sind die Namen der Orte nur schwer zu lesen.[16] Durch die schlechte Lesbarkeit wird ein Teil der Bevölkerung, welcher unter einer eingeschränkten Sehfähigkeit leidet, ausgeschlossen. „Nicht-barrierefreie Internet-Auftritte schließen einen Teil der Bevölkerung von wichtigen Entwicklungen aus."[17] Eine Funktion, die jeder Internetauftritt vorweisen

---

[11] Jorzik, Oliver; Ruisinger, Dominik (2008): *Public Relations. Leitfaden für ein modernes Kommunikationsmanagement.* Stuttgart: Schäffer-Poeschel, S. 181.

[12] Abb. 1.

[13] Abb. 2.

[14] Abb. 3.

[15] Bezeichnet das visuelle Erscheinungsbild eines Unternehmens.

[16] Abb. 4.

[17] Jorzik; Ruisinger 2008, S. 181.

sollte, ist die der individuell vergrößerbaren Grundschriften. Auf der BUGA-Seite 2015 findet der Besucher diese Funktion, welche durch drei unterschiedliche große „A" dargestellt wird, auf der Höhe des Suchfeldes. Klickt man auf einen der drei Buchstaben verändert sich nicht die Schriftgröße auf der aktuellen Seite, sondern der Besucher wird auf eine neue Seite weitergeleitet.[18] Also - anstatt dass gleich die Ansicht für den Leser vergrößert wird, erhält er Instruktionen, wie er mit der Maus oder der Tastatur diese vergrößern kann. Für Menschen mit einem eingeschränkten Sehvermögen wird der Zugang zu den Informationen auf der Internetseite daher nicht wirklich erleichtert.

Nicht nur die Navigation und das Design nehmen Einfluss darauf, wie lange und wie oft ein User eine Website besucht. Ein weiterer entscheidender Faktor ist der Inhalt des Internetauftritts. Denn nur „Webseiten, die hilfreiche Informationen liefern"[19], werden von Besuchern wieder bevorzugt angesteuert und weiterempfohlen. Die Website der Bundesgartenschau 2015 informiert seine Besucher ausführlich über die Gartenschau in der Havelregion. Neben allgemeinen Auskünften zum Unternehmen erfährt man Informationen zum Ausstellungskonzept und zu den verschiedenen Standorten der BUGA 2015. Auf der Startseite erhält man auf einem Blick Informationen zu aktuellen Terminen, was ein hilfreiches Serviceangebot für Interessenten ist. Da die Bundesgartenschau in der Havelregion erst in drei Jahren stattfindet, sind einige Themenbereiche auf der Internetseite noch nicht so ausgearbeitet, wie die eben genannten. Vor allem im Bereich der touristischen Angebote müssen die Seiten nach und nach aktualisiert und besser strukturiert werden.

An dieser Stelle könnten noch zahlreiche weitere Usability-Regeln aufgelistet werden. Die genannten sollen ausreichen, um dem Leser einen Eindruck zu vermitteln, wie wichtig eine gut aufgebaute Internetpräsenz heute ist. Nur wer seine Website immer auf dem neuesten Stand hält, bleibt für seine Besucher interessant.

3.2 Suchmaschinen-Marketing

Nachdem die Website aufgebaut und online gestellt sowie für potenzielle Kunden aufbereitet wurde, muss sich ein Unternehmen nun darum bemühen, dass diese auch von der Zielgruppe bemerkt und aufgerufen wird. Um dies zu erreichen, sollte das Unternehmen untersuchen, welche Platzierungen es in den allgemeinen Suchmaschinen hat. Das Suchmaschinen-Marketing „beschreibt sämtliche Maßnahmen, die nötig sind, um aufgrund definierter Suchbegriffe in einer Suchmaschine gefunden zu werden."[20] Der Online-Vermarkterkreis (OVK) im Bundesverband Digitale Wirtschaft (BVDW) prognostiziert für 2012, dass sich die Ausgaben für die Suchwortvermarktung auf 2.242 Milliarden Euro belaufen werden. Im Vergleich zum Vorjahr entspricht das einem Anstieg von 8 Prozent.[21]

---

[18] Abb. 5.
[19] Jorzik; Ruisinger 2008, S. 179.
[20] Eugster 2009, S. 63.
[21] Bundesverband Digitale Wirtschaft (BVDW) (Hg.) (2012): *OVK Online-Report 2012/01*. Verfügbar unter: http://bvdw.org/fileadmin/bvdw-shop/ovk_report2012_1.pdf, S. 10.

Am Beispiel der Suchmaschine Google wird dargestellt, welche Position im Ranking[22] die BUGA 2015 hat, wenn man mit unterschiedlichen Begriffen nach ihr sucht. Gibt man bei Google die Begriffe „Bundesgartenschau" oder „BUGA" ein, kommt erst an fünfter Stelle ein Eintrag zur BUGA 2015.[23] Auffallend ist, dass bei beiden Suchbegriffen die letzte Bundesgartenschau in Koblenz 2011 im Ranking an erster Stelle steht. Erst wenn man gezielt nach der Bundesgartenschau 2015 sucht, wird an erster Stelle der Internetauftritt der BUGA 2015 aufgeführt. Die nachfolgenden Einträge befassen sich ebenfalls mit der BUGA 2015.[24]

Das Beispiel zeigt, dass in den Bereich der Suchmaschinenoptimierung die Arbeit noch intensiviert werden muss. Wenn ein Unternehmen unter bestimmten Begriffen gefunden werden möchte, müssen diese Begriffe auch auf den Inhalten der Website vorkommen. Die Häufigkeit, mit der dieser Begriff vorkommt, spielt hier eine zentrale Rolle.

Es ist zu bedenken, dass erst in knapp drei Jahren die nächste Bundesgartenschau stattfindet, dennoch muss frühzeitig damit begonnen werden, sich optimal im Ranking zu präsentieren, um so kontinuierlich immer mehr Interesse zu wecken und für potentielle Kunden präsent zu bleiben. Anhand von verschiedenen Onlineseiten kann untersucht werden, ob sich das Ranking bei wichtigen Suchbegriffen verbessert. Hierzu muss das Suchverhalten der Kunden untersucht werden, damit die Inhalte der Website darauf ausgerichtet werden können.

3.3 E-Mail-Marketing

Als der Ingenieur Ray Tomlinson vor 40 Jahren die erste E-Mail der Welt verschickte, hätte kaum einer geglaubt, dass Jahre später Milliarden davon durchs Internet jagen. E-Mails gehören heute mit zu den beliebtesten Kommunikationsmöglichkeiten, da Daten und Nachrichten weltweit in Sekundenschnelle verschickt werden können.

Im Online-Marketing hat sich das E-Mail-Marketing längst etabliert. Grund dafür ist zum Einen die schnelle Erreichbarkeit von Kunden und zum Anderen der Kostenfaktor, da keine Druck- oder Portokosten entstehen. Laut dem E-Mail Marketing-Trendreport von Epsilon International für das erste Quartal 2012 wird fast jede vierte E-Mail geöffnet.[25] E-Mail Newsletter von Unternehmen haben sich daher „zu einem zentralen Kommunikationskanal entwickelt."[26] Bei Newslettern „handelt es sich um eine (meist) kostenlose Publikation, die Abonnenten aktuelle Themen und Informationen in regelmäßigen Abständen direkt in das E-Mail-Postfach liefert."[27] Newsletter geben Unternehmen die

---

[22] Bezeichnet die Platzierung, die eine Website in der Trefferreihenfolge einer Suchmaschine einnimmt.

[23] Abb. 6 und 7.

[24] Abb. 8.

[25] Epsilon International (2012): *Pressemitteilung 2012*. Verfügbar unter: http://www.epsilon.com/emea/de/news-events/press-releases/2012/leichter-abwaertstrend-sinkende-oeffnungs-und-klickraten-deutschland.

[26] Jorzik; Ruisinger 2008, S. 194.

[27] Ebd.

Möglichkeit, mit Kunden, Mitarbeitern oder Interessenten in Kontakt zu treten, um so aktuelle Informationen zu publizieren oder neue Produkte vorzustellen.

Die Anmeldung für den Newsletter sollte für die Interessenten gut platziert und einfach zu handhaben sein. Auf der Startseite der BUGA 2015 ist kein Feld integriert, in dem man sich für einen Newsletter anmelden kann. In der Hauptnavigationsleiste findet der Interessent den Unterpunkt „Newsletter"[28], auf den er klicken muss, um zum Anmeldeformular weiter geleitet zu werden. Der Interessent wird hier darauf hingewiesen, dass er mit der Eingabe seiner E-Mailadresse künftig regelmäßig und schnell per Mail über die Bundesgartenschau in der Havelregion informiert wird. Positiv hervorzuheben ist, dass der Kunde nach der erfolgreichen Anmeldung jederzeit die Möglichkeit hat, auf derselben Seite sein Abonnement wieder zu kündigen.[29] Nach der Anmeldung erhält der Abonnement eine Nachricht mit folgendem Wortlaut: „Sie wurden erfolgreich zu unserem Newsletter angemeldet. In Kürze erhalten Sie eine Aktivierungsmail, um Ihr Abonnement zu bestätigen."[30] Erst durch Betätigung des Links wird der Nutzer in den Verteiler aufgenommen und bekommt fortan E-Mails zugesendet. Diese Möglichkeit der Newsletter-Anmeldung ist für Unternehmen die rechtssicherste, da eine Anmeldung über eine andere Person nicht möglich ist. „Nur der Inhaber der E-Mailadresse kann diesen Link betätigen, ohne den das Abonnement nicht aktiviert wird."[31] Auffallend ist, dass es weder im Anmeldungsformular noch in der Bestätigungsemail einen Hinweis darauf gibt, wie oft der Newsletter versendet wird, noch wie die Daten verwendet werden.

Am Beispiel des BUGA-Newsletters Juli 2012 werden im Folgenden die wichtigsten Merkmale für einen guten Newsletter verdeutlicht. Jeder Newsletter sollte in folgende drei Abschnitte eingeteilt werden: Newsletter-Kopf, Newsletter-Körper und Newsletter-Fuß.

Im Newsletter-Kopf wird der Leser durch das BUGA Logo informiert, von wem die E-Mail kommt. Zudem beinhaltet dieser Bereich des Newsletters die Ausgaben-Nummer.[32]

Der Newsletter-Körper sollte zur besseren Übersicht des Lesers ein kurzes Inhaltsverzeichnis enthalten. Im BUGA-Newsletter fehlt dieser Teil, was dazu führen kann, dass ein Leser sehr schnell das Interesse am genaueren Weiterlesen verlieren kann. Zudem fehlen aussagekräftige Überschriften der einzelnen Artikel, die den Leser dazu anhalten, sich näher mit den vorgestellten Themen auseinanderzusetzen. Der Newsletter-Fuß beinhaltet zwar Kontaktinformationen zum Herausgeber, aber ein Hinweis, wie das Abonnement des Newsletters abbestellt werden kann, fehlt. Insgesamt wirkt der BUGA-Newsletter eher langweilig und nicht richtig durchstrukturiert. Um seine Kontakte dauerhaft halten zu können, sollten die Themen besser herausgearbeitet werden und das Design des Newsletters kundenfreundlicher gestaltet werden. Die Qualität und Wirksamkeit dieser

---

[28] Abb. 9.
[29] Abb. 10.
[30] Abb. 11.
[31] Jorzik; Ruisinger 2008, S. 196.
[32] Abb. 12.

Marketingmaßnahme muss immer wieder überprüft werden, um die Kommunikationen mit Kunden und Interessenten nicht abreißen zu lassen.

3.4 Social Media Marketing

Das Internet hat sich zu einem globalen Netzwerk entwickelt, in dem User aus der ganzen Welt zu jeder Zeit Informationen untereinander austauschen können. Die klare Trennung von Sender und Rezipient gibt es nicht mehr.[33] Die Unternehmen müssen sich bewusst machen, dass sie es heute mit Kunden zu tun haben, die gut informiert sind und sich online über Unternehmen austauschen. Social Media Marketing ist im Vergleich zum Suchmaschinen- und E-Mail-Marketing ein junges Thema im Marketingprozess. „Unter Social Media werden soziale Netzwerke verstanden, die als Plattform zum gegenseitigen Austausch von Meinungen, Eindrücken und Erfahrungen dienen."[34] Dazu zählen neben Foren und Weblogs (*twitter*) auch soziale Netzwerke (*Facebook*) sowie Wikis (*Wikipedia*). Zu diesen Medien können weiter Auskunftsportale (*gutefrage.net*), Musik- und Videoportale (*Youtube*) und Bewertungsportale (*Idealo*) gezählt werden. Laut der aktuellen ARD/ZDF-Onlinestudie nutzen 2012 36 Prozent der Deutschen ab 14 Jahren private Netzwerke und Communitys regelmäßig. Darauf folgen mit 32 Prozent Videoportale und mit 30 Prozent Wikipedia.[35] Wer mit sozialen Medien arbeitet, muss Chancen und Risiken genau abwägen können. Im Vordergrund stehen die Steigerung des Bekanntheitsgrades sowie die Gewinnung neuer Kunden und die Pflege von Kundenbeziehungen. Gleichzeitig muss die Eigendynamik dieser Medien mit berücksichtigt werden. Unternehmen können Kommunikationsinhalte nicht gänzlich steuern und laufen so Gefahr, ein schädliches Image nach außen zu projizieren.

Welche der oben genannten Medien von der Bundesgartenschau 2015 bereits genutzt werden und auf welche sich das Unternehmen in Zukunft noch konzertieren sollte, wird im Folgenden geklärt.

Im unteren Bereich der Startseite der BUGA 2015 findet der Besucher die Information, dass die Bundesgartenschau 2015 eine eigene Seite auf Facebook hat.[36] Die Anmeldung auf Facebook erfolgte am 12. Juli 2011. Seitdem wurden kontinuierlich Nachrichten über aktuelle Geschehnisse rund um die BUGA 2015 „gepostet". Wer gute, neue, aktuelle, direkte Verbesserungsvorschläge hat, kann diese so schnell an Interessierte weiterleiten.[37] Bis zum August 2012 hatte die Seite circa 300 Fans auf Facebook. Im Vergleich dazu hat die Seite der letzten Bundesgartenschau in Koblenz über 7.000 Fans. Wer das Interesse am Facebook-Auftritt steigern möchte, muss auch dafür sorgen, dass die Seite von Interessenten wahrgenommen wird. Im Newsletter der BUGA 2015 gibt es derzeit keinen Hinweis

---

[33] Jorzik; Ruisinger 2008, S. 204.
[34] Hilker, Claudia (2010): *Social Media für Unternehmer. Wie man Xing, Twitter, YouTube und Co. erfolgreich im Business einsetzt.* Wien: Linde Verlag, S. 11.
[35] ARD/ZDF-Onlinestudie 1998 – 2011 (2011): *We-2.0-Nutzung* . Verfügbar unter: http://www.ard-zdf-onlinestudie.de/index.php?id=354.
[36] Abb. 13.
[37] Hilker 2010, S. 90.

bzw. einen Link zur eigenen Facebook-Seite. Nur durch eine gute Verlinkung kann die „Fangemeinschaft" kontinuierlich wachsen.

Eine weitere Plattform, die genutzt werden sollte, um seinen Bekanntheitsgrad, aber vor allem das Interesse von Usern zu steigern, sind Einträge in sogenannten Wikis. „Wikis sind online verfügbare Sammlungen an Seiten, die jeder User lesen und ohne technische Vorkenntnisse sofort verändern und erweitern kann."[38] Auf Wikipedia gibt es einen kurzen Eintrag, der über die Bundesgartenschau 2015 in der Havelregion berichtet. Zuletzt aktualisiert wurde der Text im Juli 2012. Für viele Nutzer gilt diese Plattform als wichtigste, wenn es darum geht, Informationen im Netz zu suchen. Viele Informationen erhält man nicht über diesen noch kurzen Eintrag, da aber ein Link zur Internetseite der BUGA 2015 auf der Seite integriert ist, können interessierte User sich jederzeit genauer über die nächste Bundesgartenschau informieren.

Um in Zukunft das Interesse der Besucher der Internetseite der Bundesgartenschau „Havelregion" zu steigern, sollten kleinere Filme gedreht werden, welche dann bei Youtube eingestellt oder auf der eigenen Internetseite integriert werden können. Immer mehr User suchen im Web nach Bildern oder Imagefilmen, um sich so einen besseren Eindruck vom Unternehmen machen zu können. Durch einen professionellen Imagefilm können Besucher beispielsweise virtuell durch das Gelände der BUGA 2015 „reisen".

Um Social Media richtig einsetzen zu können, muss das Unternehmen zuerst definieren, wo sich die Zielkunden online aufhalten.[39] Jedes Unternehmen muss sich bewusst machen, dass „bei jeder Marketing-Aktion [...] das Social-Media-Engagement die Unternehmensziele unterstützen muss."[40]

4. Entwicklungsmöglichkeiten für die BUGA „Havelregion 2015" im Bereich des Online-Marketings

Anhand der vier Onlinemarketingmaßnahmen Unternehmenswebsite, Suchmaschinen-Marketing, E-Mail-Marketing sowie dem Social Media Marketing wurde aufgezeigt, wie wichtig eine ständige Auseinandersetzung und vor allem Aktualisierung dieser Maßnahmen ist. Die Medienwelt und deren Konsumenten werden immer vielfältiger und anspruchsvoller. Bereits bestehende Marketingmaßnahmen müssen daher immer wieder überprüft und neuen Marketingwerkzeugen Chancen eingeräumt werden.

Einzelne Entwicklungsmöglichkeiten wurden bereits in den vorangegangenen Punkten erläutert. Zum Schluss wird noch einmal auf die Möglichkeiten der Online-Werbung sowie dem Mobilen Marketing eingegangen.

---

[38] Jorzik; Ruisinger 2008, S. 222.
[39] Hilker 2010, S. 54.
[40] Ebd.

Laut einer Prognose des Online-Vermarkterkreises (OVK) im Bundesverband Digitale Wirtschaft e. V. wird Online-Werbung im Jahr 2012, im Vergleich zu 2011, einen Zuwachs von 12 Prozent verbuchen können. Das entspricht Ausgaben in Höhe von 3,68 Milliarden Euro. Vor allem die Werbung in Sozialen Netzwerken wie Facebook nimmt kontinuierlich zu und wird für Unternehmen immer attraktiver. Veröffentlichte Werbeanzeigen auf Facebook können sofort von Usern kommentiert werden, wodurch Unternehmen eine schnelle Reaktion auf ihre Werbung erhalten. Aber auch klassische Werbemittel wie Banner liegen nach wie vor im Trend und können, wenn sie richtig eingesetzt werden, viele Internetnutzer ansprechen.

Auch das so genannte Mobile Marketing gewinnt immer mehr an Bedeutung. Hierbei werden Mitteilungen an Handys oder mobile Computer versandt, die über eine drahtlose Kommunikationsmöglichkeit verfügen. Immer mehr Menschen besitzen ein solches Smartphone, wodurch Informationen noch schneller und aktueller an den Kunden gesendet werden können. Egal ob Informationen zu Gewinnspielen, Angabe zu Restaurants im Umkreis oder SMS-Coupons – der Nutzen kann vielfältig sein.

Insgesamt gilt, „eine permanente Auseinandersetzung mit den vielen Möglichkeiten ist Voraussetzung, um auch online ein erfolgreiches Marketing betreiben zu können."[41]

---

[41] Eugster 2009, S. 79.

5. Literaturverzeichnis

Absolit Dr. Schwarz Consulting (2012): *Studie Online-Marketing-Trends 2012*. Verfügbar unter: http://www.absolit.de/download/Online-Marketing-Trends-2012-Kurzversion.pdf [aufgerufen am 05.08.2012].

ARD/ZDF-Onlinestudie 1998 – 2011 (2011): *Entwicklung Onlinenutzung*. Verfügbar unter: http://www.ard-zdf-onlinestudie.de/index.php?id=325 [aufgerufen am 31.07.2012].

Bundesministerium für Wirtschaft und Technologie (Hg.): *Marketing*. Verfügbar unter: http://www.existenzgruender.de/gruendungswerkstatt/lexikon/index.php?l=m&a=Marketing [aufgerufen am 25.07.2012].

Bundesverband Digitale Wirtschaft (BVDW) (Hg.) (2012): *OVK Online-Report 2012/01*. Verfügbar unter: http://bvdw.org/fileadmin/bvdw-shop/ovk_report2012_1.pdf [aufgerufen am 02.08.2012].

Epsilon International (2012): *Pressemitteilung 2012*. Verfügbar unter: http://www.epsilon.com/emea/de/news-events/press-releases/2012/leichter-abwaertstrend-sinkende-oeffnungs-und-klickraten-deutschland [aufgerufen am 05.08.2012].

Eugster, Jörg (2009): *Online Marketing. Wie fischt man Kunden aus dem Internet*. 3. überarbeitete Auflage, Berneck: Rheintaler Druckerei und Verlag AG.

Hilker, Claudia (2010): *Social Media für Unternehmer. Wie man Xing, Twitter, YouTube und Co. erfolgreich im Business einsetzt*. Wien: Linde Verlag.

Jorzik, Oliver; Ruisinger, Dominik (2008): *Public Relations. Leitfaden für ein modernes Kommunikationsmanagement*. Stuttgart: Schäffer-Poeschel.

Lammenett, Erwin (2005): *Online-Marketing in der Praxis. Standortbestimmung*. Verfügbar unter: http://www.typo3-macher.de/fileadmin/pdf/online-marketing-suchmaschinenoptimierung.pdf [aufgerufen am 31.07.2012].

Tippe, Dennis: *Die Vorteile und Nachteile von Online-Marketing*. Verfügbar unter: http://www.seo-handbuch.de/suchmaschinen-suchmaschinenoptimierung/die-vorteile-und-nachteile-von-online-marketing [aufgerufen am 25.07.2012].

6. Abbildungsverzeichnis

Abb. 1

Abb. 2

Abb. 3

Abb. 4

Abb. 5

Abb. 6

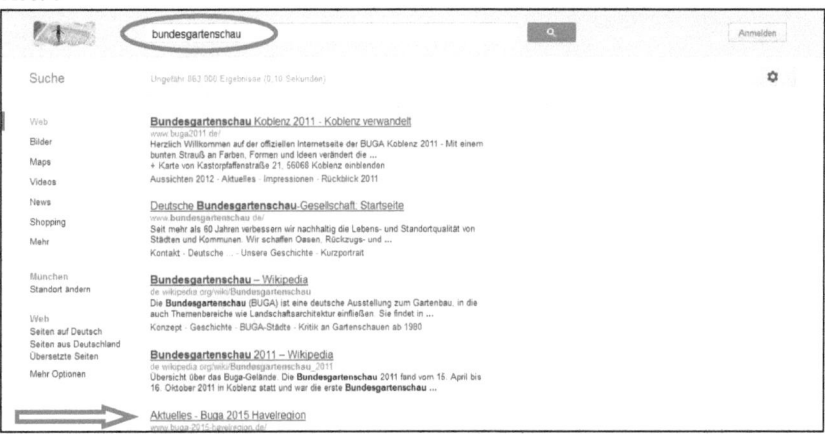

Abb. 7

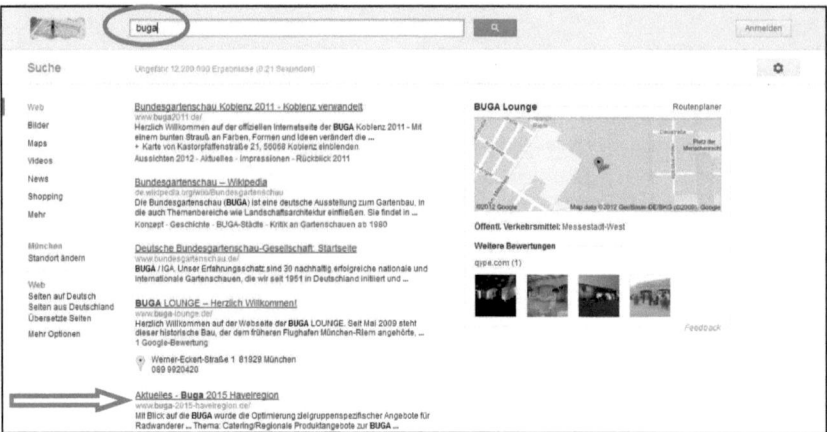

Abb. 8

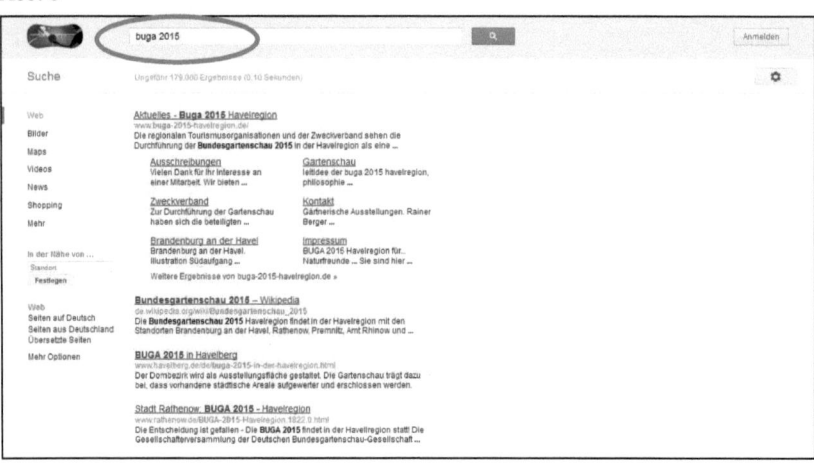

Abb. 9

Abb. 10

Abb. 11

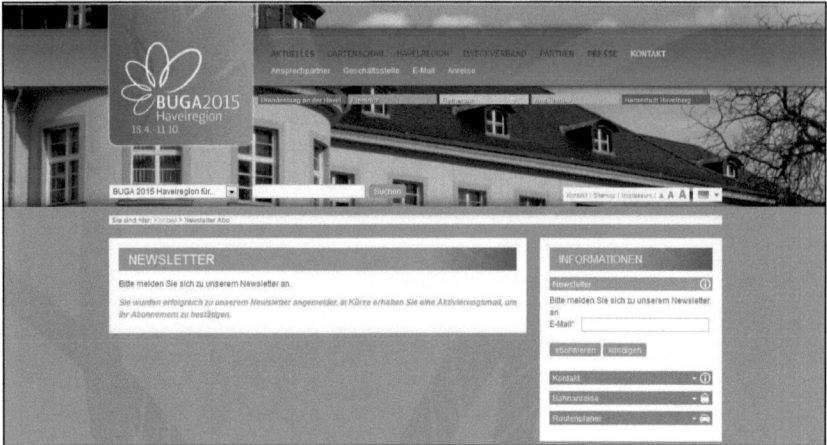

Abb. 12

Abb. 13